P. Antonio Sagardoy OCD

Blumen des
Herzens
verwelken nicht

Verlag Christliche Innerlichkeit
Wien

Die Deutsche Bibliothek – CIP-Einheitsaufnahme

Sagardoy, Antonio:

Blumen des Herzens verwelken nicht / Antonio Sagardoy. - 1. Aufl. -
Wien: Verl. Christliche Innerlichkeit, 2005
ISBN 3-901797-19-X

1. Auflage Mai 2005
Verlag: Christliche Innerlichkeit
1190 Wien, Silbergasse 35
Hersteller: The Best, Grafik & Design, 4600 Wels, Tel. 07242/52864

ISBN 3-901797-19-X

ÜBERBLICK

Vorwort

Es ist gar nicht leicht, auf jede Frage eine Antwort zu geben ... – so könnte ich auch nicht beantworten, warum ich gerade dieses Büchlein geschrieben bzw. mich innerlich dazu gedrängt gefühlt habe:

War es die Überzeugung, von Gott reich beschenkt zu sein,

war es als Selbsthilfe, um manche Erinnerungen an meine Eltern einzuordnen,

oder war es der große Respekt meinen Eltern gegenüber?

Sicherlich war es nicht, um Schuldgefühle zu besänftigen, denn meine Eltern und wir Kinder haben einander oft gesagt und gezeigt, wie stolz wir aufeinander sind:

sie auf uns Kinder,

wir auf sie Eltern.

Zweimal habe ich den geschriebenen Text gelesen, an vielen Stellen manches öfters umformuliert, dabei ist mir klar geworden, dass die Worte, die ich verwende, nicht ausdrücken können, was ich meinen Eltern gegenüber empfinde, sie können nicht ganz wiedergeben, was ich mit ihnen erlebt habe.

Eines möchte ich unterstreichen: Meine in Worten formulierten Erinnerungen wollen ein Ausdruck der Dankbarkeit sein:

Ich fühle mich verpflichtet, Gott zu danken für diese Menschen, die Er mir und meinen Geschwistern als Vater und Mutter geschenkt hat;

genauso fühle ich mich verpflichtet – auch im Namen meiner Geschwister –, meinen Eltern zu danken, ganz einfach weil wir wissen, Eltern gehabt zu haben! Wir gehören zu diesen glücklichen Menschen.

In mir sind noch viele Eindrücke eingraviert geblieben, doch es ist nicht notwendig, alles aufzuschreiben, denn diese Seiten wollen nur ein Zeichen, eine Erinnerung und nicht ein geschichtliches Buch sein.

Vielleicht sind diese Notizen ein kleiner Beitrag, die Haltung im Leben zu verstehen, die unsere Familie geerbt hat: Natürlichkeit in der Religiosität, Hausverstand, Menschenkenntnis ... – ich betrachte dies alles als das Geschenk, das die Eltern uns im Auftrag Gottes für unseren Lebenweg mitgegeben haben.

Wien, im Mai 2005

P. Antonio Sagardoy

Vergiss es nicht

Dieses Wort der Bibel *Neige dein Ohr, vergiss dein Vaterhaus nicht ...* ist mir Auftrag, in Erinnerung zu rufen, was Gott mir so reichlich geschenkt hat.

Mein Vaterhaus wird als Gebäude nicht unter Denkmalschutz stehen, denn seine Steine haben keinen großen Wert. Meine Eltern begannen ihren gemeinsamen Weg unter bescheidenen und doch sehr schwierigen Verhältnissen. Innerhalb eines Jahres gab es zwei Begräbnisse und drei Hochzeiten in der Familie: Die Mutter und eine Schwester meines Vaters starben innerhalb von einigen Monaten an TBC, so entschlossen sich drei Geschwister zu heiraten.
Das Bauernhaus war nicht wieder zu erkennen. Vier Personen waren nicht mehr da, zwei waren gestorben und zwei hatten weggeheiratet, dafür kam meine Mutter ins Haus, denn es gab noch zwei kleine Geschwister meines Vaters, die zu betreuen waren.

Meine Eltern übernahmen nicht nur die kleine Landwirtschaft, sondern auch den Berg Schulden, der durch den Spitalsaufenthalt der Großmutter und der Tante entstanden war.

Dies hatte praktische Folgen. An eine konkrete Begebenheit kann ich mich noch erinnern:
Wir haben damals immer zwei Schweine gemästet und geschlachtet, doch dann fast zur Gänze verkauft ... für mich war es als Kind – ich war vielleicht drei oder vier

Jahre alt – unverständlich, dass das gute Fleisch verkauft wurde, doch eines Tages kam mir zu Ohren, dass die Spitalsschulden bezahlt werden mussten.

In dieser Zeit übernahm mein Vater – zu unseren Äckern dazu – die Verwaltung der Landwirtschaft eines weit entfernten Onkels und so wechselten wir die Wohnung.

Spanien machte damals eine sehr schwierige Zeit durch, denn nach dem Bürgerkrieg war die finanzielle Situation sehr eng. Im Dorf war das Geld nicht flüssig, es gab aber wenigstens genug Lebensmittel.

Nest

Wie verschieden sind die Nester der Vögel: Die einen bauen sie auf den Bäumen, andere in den Löchern der Hausmauern, wieder andere auf dem Kirchturm. Der Ort und die Größe sind sehr verschieden, doch jeder Vogel glaubt damit einen würdigen und sicheren Platz für seine Nachkommen vorbereitet zu haben. Das Nest eines Storches ist anders als das Nest einer Taube oder eines Spatzen; das Nest der Rebhühner anders als das der Amsel.

Die Erinnerung an meine Wiege erweckt in mir Gedanken der Geborgenheit, Liebe und Zuneigung. Mit großer Freude und Dankbarkeit kann ich zurückschauen.

Wir sind in Einfachheit und Sicherheit aufgewachsen; unser Nest wird nicht in die Geschichte eingehen wegen seiner Größe oder seines ausgewählten Platzes, sondern weil es uns das geboten hat, was für ein gesundes Leben notwendig ist:

Nahrung, um als Menschen zu wachsen,
Geduld, um das Leben Schritt für Schritt zu lernen,
Menschlichkeit, um die Not der Mitmenschen zu sehen,
Gottvertrauen, um sich in jeder Situation geborgen zu wissen,
Glauben, um die Werte im Leben zu entdecken und Verantwortung zu übernehmen.

Was unsere Eltern uns materiell nicht schenken konnten, schenkten sie uns reichlich an Liebe und Zuneigung. Keine Mühe war ihnen zu groß, um uns Kinder mit kleinen Aufmerksamkeiten zu verwöhnen.

Wenn ich an jene Zeit denke, kann ich sagen, dass wir Kinder reich waren, wir hatten ja Eltern, die für uns da waren, sich für uns interessierten und uns viel Zeit schenkten.

PITILLAS

Pitillas ist eine kleine Ortschaft – es ist ein Zufall, wenn sie in einer Landkarte zu finden ist –, die bis vor 100 Jahren aufgrund des Steines, der aus den Steinbrüchen entnommen wurde, einen großen Bekanntheitsgrad erreichte. Spanische Kathedralen und berühmte Gebäude sind mit Pitillas-Stein gebaut worden.

Das Leben des Ortes hat eigentlich die Landwirtschaft geprägt: Wein- und Getreidebau. In der letzten Zeit hat sich die Situation aber geändert: Junge Familien sind auf der Suche nach Arbeit in den Fabriken in die Stadt ausgewandert, die Traktoren bewältigen ja in kurzer Zeit, was früher in tagelanger Mühe Menschen mit Hilfe von Pferden und Mulis schaffen mussten.

Zum Dorfbild gehört auch ein See (*laguna de Pitillas*), der an sich kaum zwei Meter Tiefe erreicht, dafür aber reich an Vögeln ist – mehr als 70 verschiedene Arten leben regelmäßig dort, dazu kommt eine ganze Reihe von Wandervögeln, die dort überwintern. Die Existenz der Lagune wird bereits im Jahr 1348 erwähnt.

Menschen

Ich bekenne mich ganz zu meiner Wiege und zu den Menschen meiner Heimat. Dies bedeutet aber nicht, dass ich meine, sie seien die Besten, die Bravsten, die Reichsten ... nein, die Menschen meines Dorfes sind eben Menschen, die man gern haben kann, die Gott mit Gaben ausgestattet hat, doch genauso wie andere Menschen Schattenseiten haben und versagen.

Es ist nicht mein Anliegen, das Bild meines Dorfes aufzubessern. Mit Freude denke ich an die Menschen, die mein Umfeld gebildet haben, und an den Rahmen, in dem ich aufgewachsen bin.

Menschenwürde

Ich kann mich an seinen Namen erinnern, er hieß Culillo. Von Zeit zu Zeit kam er in die Ortschaft betteln. Zu Beginn des Rundgangs kam er zu uns und fragte, ob wir für ihn etwas hätten.

Meine Mutter, die seine Lebensgeschichte aus seinen Erzählungen kannte – sie wäre eine sehr begabte und mit Hausverstand ausgestattete Beichtmutter gewesen –, war ihm gegenüber sehr großzügig, obwohl wir damals nicht zu viel besaßen.

Eines Tages kam Culillo wieder betteln und wollte unbedingt mit uns Kindern sprechen. Als wir mit der Mutter herunterkamen, holte er aus seinem alten Jutesack einen kleinen Gummiball und gab ihn uns. Er hatte den Ball auf der Straße gefunden und ihn für uns mitgebracht.

Damals gab es viele Kinder im Dorf, er brachte den kleinen Ball aber gerade uns, damit wollte er zeigen, wie er sich bei meinen Eltern verstanden fühlte.

José und Carmen

Seit vielen Jahren wohnen im Dorf einige Zigeunerfamilien, die in einem gewissen Rahmen mit der Bevölkerung mitleben, was etwa Taufen, Erstkommunion, Volksschule, Einkaufen in den Geschäften ... anlangt. Mein Vater fand immer wieder Zeit, mit ihnen auf der Straße zu sprechen.

Das folgende Ereignis hat Seltenheitswert. Mein Vater wurde aufgrund eines Gehirnschlags schwerkrank und es sprach sich schnell herum, was am Land bedeutet, dass jeder ins Haus kommt und nach dem Kranken fragt.

Eines Tages klingelt es und vor der Tür steht José, der Zigeuner – bei uns ist nicht üblich, dass Zigeuner ein Haus betreten und eine Familie besuchen. Auf die Frage, was er wünscht, antwortet er in aller Einfachheit: Er will sehen, wie es meinem Vater geht.

Wir ersuchen ihn heraufzukommen, damit er den Kranken sieht. Er kommt mit, reicht meinem Vater die Hand und sagt ihm auf seine Art: Antonio, hier ist dein Freund, wenn du etwas brauchst, rechne mit mir!

Einige Monate später kam José wieder, um sich von meinem verstorbenen Vater zu verabschieden. Unter Tränen sagte er: Auf Wiedersehen, ich habe einen Freund verloren.

Lange Zeit war im Dorf die Rede von José, dem Zigeuner, der meinen Vater im Haus besucht hatte.

Wenn ich dies heute schreibe – José ist in der Zwischenzeit gestorben und es sind bereits 16 Jahre seit dem Tod meines Vaters vergangen –, muss ich mit Erstaunen feststellen, dass Carmen, die Frau von José, an der Begräbnismesse meiner Mutter teilnahm.

Während viele Menschen zur Kommunion gingen, kam sie nach vorne und berührte den Sarg mit der Hand, dann ging sie wieder zurück. Mit dieser Geste wollte sie anscheinend Abschied nehmen von meiner Mutter.

Unser Haus war offen für alle Menschen. Verwandte, Bischöfe kamen zu uns, genauso befreundete Familien oder arme Leute. Dies haben uns die Eltern vorgelebt: jeden Menschen, den großen und den kleinen, den reichen und den armen, zu achten und zu schätzen.

In Freiheit geborgen

Lange Zeit habe ich gebraucht, um deutlich zu erfahren, wie meine Eltern zu meinem Weg als Ordensperson standen: Nie habe ich den kleinsten Druck ihrerseits in die eine oder andere Richtung gespürt.

Bauern, die sich darum bemühen, für ihre Nachfolger noch mehr Felder und Weinberge zu kaufen, werden schwer annehmen, dass ihre Sprösslinge keinen Wert auf die Feldarbeit legen.

Ich war der Erstgeborene, doch schon mit zehn Jahren zeigte ich den Wunsch, die Mittelschule zu besuchen, was so viel bedeutete wie in ein Juvenat zu gehen und nur mehr im Sommer nach Hause zu kommen.

Vor mir haben sich die Eltern weder begeistert noch entsetzt über meinen Wunsch und meine Entscheidung geäußert. Beim Abschied am Bahnhof weinte meine Mutter, ich war damals noch nicht elf Jahre alt. Mein Vater versuchte sie zu trösten und ich hörte, wie er ihr leise ins Ohr flüsterte: Weine nicht, er kommt bald zurück!

Die Schuljahre sind schnell vergangen. Es kam der Zeitpunkt, einen wichtigen Schritt zu machen und um Aufnahme im Orden der Karmeliten zu bitten. Ich schrieb den Eltern und teilte ihnen meine Entscheidung mit.

Die Antwort kam postwendend: Es sei notwendig, dass ich mir den Schritt gut überlege, sollte ich mich aber im Kloster nicht wohl fühlen, könne ich immer nach Hause kommen, denn die Tür sei für mich Tag und Nacht offen.

In den nächsten Jahren wiederholte sich ein Gedanke in jedem Brief, den ich von der Familie – die Briefe schrieb immer die Mutter – bekam. Ob vor der einfachen Profess, ob vor der Versetzung nach Österreich, ob in den schwierigen Jahren der Ausbildung in Wien konnte ich immer den Satz lesen: Bleibe nicht aus Feigheit im Kloster, wenn du nicht zufrieden bist, hab den Mut zurückzukommen, unsere Tür ist immer offen für dich.

Die letzte Phase

Nach vier Jahren in Österreich durfte ich nach Spanien zurückfahren, um die feierliche Profess abzulegen. Aus diesem Anlass kam ich einige Tage zu den Eltern und wir sprachen über den Weg und die Situation, in der wir uns befanden: 16 Studenten waren nach Wien gekommen, viele aber bereits ausgetreten ... und die Stimmung war dementsprechend.

Einfache Menschen reden nicht viel, die Antwort meiner Eltern war einfach, wie ihr Leben und ihr Glaube: Du musst deinen Weg entdecken und ihn gehen, egal ob viele oder wenige Studienkollegen ihn mit dir gehen.

Die nächsten zwei Jahre waren eine Zeit der Auseinandersetzung und Entscheidung, in der Hoffnung, den Weg zu entdecken, den ich im Namen Gottes gehen sollte. Das Gespräch zwischen uns Studenten war offen, wir versuchten einander die raue Situation, die wir sahen, vor Augen zu führen.

Unsere Reaktionen waren sehr verschieden, während die einen ans Aufgeben dachten und davon sprachen, gab es zwei, die weitermachen wollten und konkrete Schritte unternahmen, sich auf die Priesterweihe vorzubereiten.

Ich denke in Dankbarkeit an diese Zeit zurück. Wir Theologen – es waren nur mehr fünf geblieben – übten keinen Druck aufeinander aus, jeder konnte frei um die Entscheidung kämpfen, auf der anderen Seite hatte ich keinen Druck von der Familie zu fürchten. Ich konnte mich frei entscheiden.

In den darauf folgenden Monaten teilte ich den Eltern schriftlich meine Entscheidung mit, mich zum Diakon weihen zu lassen. In der Gewissheit, dass dieser Schritt noch nicht der letzte war, bekam ich einen Brief mit schönen Gedanken über diesen wichtigen Entschluss, doch mit dem Vermerk, dass es nie zu spät ist auszusteigen, wenn ich mich nicht ganz wohl fühle, die Tür ist auch jetzt offen für mich.

Dieser Satz mag langsam zu drückend klingen, in Wirklichkeit aber ist er das Zeichen der großen Freiheit, die mir meine Eltern bei der Wahl meines Lebensweges gewährten. In der Überzeugung, dass das Ordens- und Priesterleben viel verlangt, wollten meine Eltern mir den Ernst dieser Entscheidung immer vor Augen führen, damit die Motivationen echt und selbstlos seien.

Unterschrieben

Mit einer Dispens vom Alter, die der General des Ordens mir gewährte, konnte ich schon im Mai zum Priester geweiht werden, obwohl ich noch nicht 24 Jahre vollendet hatte. Ich teilte es meiner Familie in der Hoffnung mit, dass sich alle darüber freuen würden.

Welch große Freude! Ich bekam einen Brief, in dem mir die Eltern zum ersten Mal schrieben, wie sehr sie sich über meinen Weg als Ordenspriester freuten. Dies sei die größte Freude, die ich ihnen bereiten könnte, doch sie hatten es mir vorher nicht gesagt, um mich auf meinem Weg nicht zu beeinflussen.

Der Brief bekam für mich einen offiziellen Charakter, denn diesmal hatte sogar mein Vater den Brief unterschrieben. Unterschreiben war nicht die starke Seite meines Vaters, es bedeutete für ihn vielmehr eine große Überwindung.

Wie ich das so genau weiß?

Mein Vater war einige Jahre der Richter des Dorfes – natürlich nicht aufgrund eines Jusstudiums, sondern aufgrund des Hausverstandes und der Klugheit – und er musste oft Dokumente unterschreiben, Besprechungen oder Streitgespräche bestätigen.

Kann man nicht einen Stempel mit meiner Unterschrift machen?, sagte er immer wieder, dies würde mir viel Ärger ersparen, ich bin ja kein Doktor.

Die Priesterweihe hatte in seinen Augen einen großen Wert, so wollte er mit seiner Unterschrift die Freude darüber zum Ausdruck bringen.

Stark wie Felsen

Der Alltag verlangt immer wieder Entscheidungen, doch hie und da kommt es zu sehr harten Engpässen.

Wir schmieden unsere Pläne und versuchen einen Rahmen zu schaffen, damit das Leben gelingt, doch manchmal geht die Rechnung nicht ganz auf.

Wir waren vier Kinder, zwei Buben und zwei Mädchen, meine jüngste Schwester wurde geboren, als ich bereits im Juvenat war, und sie schaute mir sehr ähnlich.

Für sie war ich der große Bruder, den sie kaum kannte und der Priester geworden war, deswegen verehrte sie mich sehr.

Unfall

Im August 1974 ereigneten sich einige Dinge, die die Situation unserer Familie sehr stark geprägt haben: Mein Bruder heiratete, nachdem er einen sehr vielversprechenden beruflichen Weg entdeckt hatte, und meine Schwester Carmen hatte bereits die Entscheidung getroffen, als Ordensfrau in die Mission zu gehen.

Wir kamen zusammen, um uns das letzte Mal als Familie zu treffen und über die Zukunft unserer Landwirtschaft zu sprechen, da nur die jüngste Schwester – Maite war damals 17 Jahre alt – frei war, alles zu übernehmen und bei den Eltern zu bleiben.

Mit diesen Gedanken verließ ich Pitillas und fuhr in Begleitung meines Bruder und meiner Schwägerin, die auf Hochzeitsreise waren, zurück nach Wien. Nach einigen wunderschönen Tagen in Wien brachte ich am Abend das junge Ehepaar, das Venedig besuchen wollte, zum Bahnhof.

Als ich ins Kloster zurückkam – es war schon spät –, herrschte im Kloster Festbeleuchtung und ich dachte, was ist denn heute los!

Die Antwort ließ nicht auf sich warten. Kaum bei der Klostertür hereingekommen, hörte ich, dass meine Schwester bei einem Autounfall ums Leben gekommen war – wir müssten sofort zurückfliegen, um beim Begräbnis dabei zu sein.

Da ich genau wusste, in welchem Waggon mein Bruder und die Schwägerin saßen, rief ich die Polizei in Mürzzuschlag an, die beide aus dem Zug herausholte. In der Zwischenzeit fuhr ich mit dem Auto dorthin und brachte sie noch in der Nacht nach Wien zurück.

Ohne Zeit zu verlieren, fuhren wir weiter zum Flughafen und versuchten Tickets zu bekommen, um sofort nach Spanien zu fliegen.

In Pitillas spät am Abend angekommen, mussten wir uns durch die Menge einen Weg zu den Eltern frei kämpfen, denn das ganze Dorf stand vor unserem Haus. Ich sehe meinen Vater – er war einfach gelassen, aber sprachlos – und ich sehe die Mutter, die mir leise die Frage stellte, nachdem wir gemeinsam geweint hatten: Was will Gott uns damit sagen?

Ich konnte meiner Mutter keine Antwort geben.

Nach dem Begräbnis schickten meine Eltern meinen Bruder und meine Schwägerin auf Urlaub – sie machten ja gerade die Hochzeitsreise – und so blieben meine Schwester Carmen und ich einige Tage bei den Eltern.

Durch unsere Köpfe ging eine Anzahl von Gedanken und Ideen herum in der Hoffnung, der für die Eltern neu entstandenen Situation eine adäquate Antwort geben zu können. Unsere Sorge blieb den Eltern nicht verborgen und sie wagten, mit uns über die Situation und eventuelle Lösungen zu sprechen.

Meine Schwester hatte damals nur ein Jahr Probezeit bei den Schwestern verbracht ... Wäre den Eltern geholfen, wenn sie doch nicht in die Mission ginge und bei den Eltern bliebe?

Geht ruhig euren Weg weiter, sagten uns die Eltern eines Tages beim Mittagessen, denn Gott wird uns nicht im Stich lassen!

Tausch

Gott allein kennt Seine Wege. Ganz kurz blieben die Eltern allein, denn es stellte sich sehr bald heraus, dass meine Großeltern – die Eltern meiner Mutter, beide über 80 – Betreuung brauchten.

So kamen die Großeltern zu uns, wohnten bei uns bzw. wurden von meinen Eltern betreut und verwöhnt.

Der Großvater starb zwar zwei Jahre später, die Großmutter lebte aber zehn Jahre bei meinen Eltern.

Abschied

Das Leben stellt uns vor Situationen, mit denen wir nicht gerechnet haben. Warum ich von Anfang an lernen musste, Abschied zu nehmen, hat eine einfache Erklärung, die mit der Entwicklung des Lebens zu tun hat.
Bereits mit elf Jahren habe ich damit begonnen, Abschied zu nehmen.

Bei uns im Dorf gab es nur eine Volksschule. Immer wieder kamen Priester aus verschiedenen Ordensgemeinschaften, um Kinder zu ermutigen, ins Juvenat zu gehen, um dort die Mittelschule machen zu können:
Die Bedingungen waren sehr günstig, sodass auch Kinder aus einfachen Familien den kleinen finanziellen Beitrag zahlen konnten. Genau betrachtet zahlten wir aber kaum den Preis für das Frühstück ... diese finanzielle Investition, die die Ordensgemeinschaften auf sich nahmen, war die Berufungspastoral, die damals üblich war.

Abschied von den Eltern und von den kleinen Geschwister habe ich oft nehmen müssen, doch ohne dabei zu weinen, die Eltern oder vor allem die Ordensgemeinschaft hätten es als Traurigkeit oder als Mangel an Berufung interpretiert. Die Tränen hatten ja bei mir mit dem Los-lassen zu tun, mit der Trennung, mit der Zeit, in der ich meine Familie nicht sehen würde!

49 Jahre lang habe ich es bereits geübt, doch bis heute beherrsche ich es nicht ganz, wie ich glaube, denn jedes

Mal überkommt mich ein eigenes Gefühl beim Abschiedskuss.

Auch wenn es nicht leicht ist, gewisse Momente zu schildern, gibt es einige Situationen im Zusammenhang mit meinem Vater, die ich festhalten will.

Eine gute Zusammenfassung der Erlebnisse mit meinem Vater finde ich in einem an ihn gerichteten Brief.

Während meines Aufenthaltes in Spanien erlitt mein Vater einen Schlaganfall. Damals wurde mir zum ersten Mal bewusst, dass das Leben meines geliebten Vaters bald zu Ende sein könnte.

Krankheit des Vaters

Schritt für Schritt baute mein Vater gesundheitlich ab. In den Sommerferien war der Fortschritt schon deutlich zu sehen; nach Weihnachten verabschiedete ich mich in der Meinung, ihn auf Erden nie mehr zu sehen.

Damals schrieb ich ihm folgenden Brief, den ich aber nicht abgeschickt habe, da er aufgrund der Folgen der Krankheit nicht mehr lesen konnte:

* Wenn ich an die Krankheit denke, die dich auf großen Schritten zum Tode führt, erlebe ich meine Unzulänglichkeit.

Ich kann dich nicht besuchen, so oft ich will, und auch wenn ich jeden Urlaubstag bei dir verbracht habe, weiß ich, dass die Tage bei dir zu kurz waren, um dir meine Dankbarkeit zu zeigen.

Heute ist es mir ein Bedürfnis, dir einen Brief zu schreiben. In deiner Einfachheit wirst du nicht glauben können, dass ich auf dich sehr stolz bin. Du hast mir mehr als nur das Leben gegeben:

- Dein Humor war immer so ansteckend,
- deine Religiosität, von der du so selten gesprochen hast, war mir eine große Aufmunterung.
- Deine Großzügigkeit uns Kindern gegenüber war einmalig. Ich möchte nicht wissen, wie oft du traurig warst, weil keines von uns Kindern die Landwirtschaft übernommen hat. Ich möchte nicht wissen, wie oft du geweint hast, als du und die Mutter allein im Dorf geblieben seid, weil Er drei Kinder von euch für sich haben wollte. Ich danke dir, weil du so selbstlos warst und trotz Tränen in den Augen uns ermutigt hast, den Weg zu gehen, den Gott uns gezeigt hat.
- Dein Warten am Bahnhof, wenn ich um Mitternacht ankam, aber du warst da, egal ob es Sommer oder Winter war. Dein Gesicht war wie ein Lichtturm, der mich in der Nacht an sich zog und ich spürte ... ich bin zu Hause.

Als du das letzte Mal nicht am Bahnhof wartetest ...

Ich weiß, dass du jetzt mit einem ironischen Lächeln denkst: Wie kann mein Antonio so reden, da ich nichts Besonderes getan habe! Ich habe nur viel für euch gearbeitet, ich habe unsere Landwirtschaft aufgebaut, damit ihr, meine Kinder, eine Zukunft haben könnt, ich habe nur ein guter Vater sein wollen ...

Ich kann mich an deine Späße mit großer Freude erinnern, ich denke daran, wie schön du getanzt hast ... Du hast so viel Freude und Leben ausgestrahlt ...!

Es gibt aber eine Situation, über die ich immer mit dir sprechen wollte: Es geht um den tödlichen Unfall meiner

Schwester Maite. Du bist dagestanden wie eine Festung, während wir weinten und immer nervöser wurden. In jenen Stunden tiefer Trauer hast du aus deiner Religiosität Kraft geschöpft.

Wenn ich an jenen Tag denke, so muss ich etwas bekennen: Seit diesem Tag – es sind bereits 14 Jahre vergangen – verehre ich dich noch mehr als vorher, trotzdem leugne ich deine Fehler nicht, du hast sie wie jeder Mensch.

Seit diesem Tag habe ich wiederholt im Geiste eine Kniebeuge vor dir gemacht, aus Ehrfurcht vor dir und vor Gott, der dir so viel Kraft gegeben hat.

Seit diesem Tag weiß ich aus Erfahrung, dass Religiosität erlebbar ist bei Menschen, die einen Blick für Gott haben, egal ob sie zu den studierten Theologen oder zu den einfachen Bauern – so wie du – gehören.

Ich weiß, dass die Krankheit dich zum Tode führt und dass dein Aussehen, deine Worte, deine Taten, deine Pläne vergehen werden, die Liebe aber, die du uns, deinen Kindern, geschenkt hast, und die Liebe, die du in uns zum Keimen gebracht hast, wird bleiben.

Deine ermutigenden Worte werden vergehen, die Liebe, die du uns damit geschenkt hast, wird aber bleiben.

Deine anstrengende Arbeit, deine Wege und Schritte für uns werden vergehen, die Liebe aber, die wir dabei erfahren haben, wird bleiben.

Die Kraft deiner Arme wird vergehen, die Liebe, die du uns mit deinen helfenden Händen gezeigt hast, wird aber bleiben. Dein Humor, dein Lachen, deine Küsse werden vergehen, die Liebe, die du in uns zur Entfaltung gebracht hast, wird aber bleiben.

Mit Traurigkeit muss ich annehmen, dass wir uns wahrscheinlich nicht mehr sehen werden auf dieser Erde; in christlicher Hoffnung aber freue ich mich schon auf eine Begegnung mit dir und mit Maite im Himmel. Dann werde auch ich Gott von Angesicht zu Angesicht für dich, für das Leben mit dir danken können.

Es ist schön, dass es dich und Mama gibt. Ich habe das Gefühl, dass Gott euch sehr gerne hat und auf euch stolz ist.

In vertrauensvoller Ehrfurcht und in großer Dankbarkeit

Dein Sohn Antonio

Begräbnismesse

Es dauerte nur kurze Zeit, dann starb mein Vater. Der Sarg wurde bei uns im Haus aufgebahrt, so kamen sehr viele Menschen zu uns, um den Vater zu sehen und uns Beileid zu wünschen.

Am nächsten Tag wurde er begraben. Es war der Wunsch meiner Mutter, dass ich die Begräbnismesse und die Predigt halte, was von mir viel Energie verlangte. Kurz vor der Messe wollte meine Mutter mit mir allein sprechen ... ja, sie wollte sich die Predigt anhören, bevor ich in der Kirche etwas über meinen Vater sage. Nach ihrer Approbation durfte ich sie halten.

Drei Themen prägten meine Predigt: der Glaube an die Verwandlung durch Gott, der Satz: „Komm, du guter und treuer Diener" und der Grund, warum wir keine Blumen oder Kränze gebracht hatten.

Ich machte mir Gedanken über die Bedeutung der Güte und der Treue eines Vaters, der seine Familie liebt, für sie arbeitet und sich für sie hingibt.

Es war mir ein Anliegen zu betonen, dass das Leben eines Vaters auch als Ziel hat, den Kindern zu helfen, ihren Lebensweg zu finden und ihn zu fördern.

Das Begräbnis hatte äußerlich gesehen eine eigene Note: Es war ein Begräbnis ohne Blumen, ohne Kränze.

Mein Vater wollte keine Blumen am Grab, er wollte die Blumen während seines Lebens bekommen, was reichlich geschah.

Bei seinem Begräbnis waren wir dazu aufgefordert, ihm unsere Liebe ohne Blumenkränze zu zeigen ... Ich hätte nicht gedacht, dass ein Begräbnis ohne Blumen so bunt, so farbig und festlich sein kann.

Wir standen vor der Situation, unsere Dankbarkeit, Zuneigung und Liebe anders zu zeigen. Es gibt Blumen, die nicht verwelken und die von Herz zu Herz geschenkt werden; es können Worte, Gesten, Taten sein ... Die Blumen der Liebe verwelken nicht, weil sie im Herzen wachsen.

JAHRE IM ALLEINGANG

Nach dem Tod des Vaters bemühten wir uns noch mehr um die Mutter, die an sich eine starke Frau war, wie sie es uns in den verschiedensten Situationen vorgelebt hat. Sechzehn Jahre ist sie den Weg allein gegangen.

Weltoffen

Bei uns am Land war es nicht üblich, auf Urlaub wegzufahren, wenigstens gehörte so etwas nicht zu den Gebräuchen, mit denen meine Mutter aufgewachsen war. War die Liebe zu uns Kindern die Kraft, die sie dazu bewog, große Reisen zu unternehmen?

Da ich in Österreich lebe, wollte sie zu mir kommen – damals war ich in Linz –, um einige Wochen meine Umgebung kennen zu lernen. Anfangs meinte ich, es sei nur ein Spaß, doch bald wurde mir der Ernst des Vorschlags klar.

Ja, sie wagte die Reise allein zu machen: mit dem Autobus in die nächste Stadt, dort in den Zug eingestiegen, nach fünf Stunden in Madrid angekommen und vom Bahnhof wieder zum Flughafen, um nach Österreich zu fliegen – die Größe dieses Schrittes können nur jene verstehen, die das ganze Leben am Land verbringen, eines Tages allein in die Großstadt kommen – und plötzlich befinden sie sich vor Verkehrsampeln und Zebrastreifen, die es im Dorf nicht gibt.

Sie verbrachte sehr schöne Wochen in Österreich, doch für sie waren die Sehenswürdigkeiten und Denkmäler nicht das Wichtigste, sie wollte die Menschen genau sehen, die mit mir im Kloster lebten, die Menschen, die zu uns in die Kirche kamen, die Menschen, die meine Vorträge besuchten oder an meinen Exerzitienkursen teilnahmen ...

Ihrem Blick blieben viele Dinge nicht verborgen, auch wenn manche Leute mit einem Lächeln versuchten, Gefühle zu vertuschen. Ihre Beobachtungen halfen mir sehr viel, um gewisse Situationen, die sie mir voraussagte, leichter zu verkraften.

Bis zu ihrem Tod hat sie immer wieder mit großem Respekt von einigen Menschen gesprochen:
von der Frau, die am Montag die Lesung gelesen hat,
von der Blumenfrau, die schon gestorben ist,
vom Gasthof mit der kinderreichen Familie
oder von der Familie mit dem Sägewerk ...
Einige Menschen bekamen sogar einen besonderen Platz in ihrem Herzen und für sie hat meine Mutter immer wieder gebetet.

Südamerika

Sie wagte einen noch viel größeren Schritt. Sie flog nach Ecuador, um einige Monate bei meiner Schwester zu verbringen, die dort auf Missionseinsatz ca. 24 Jahre verbracht hat.

Diese Erfahrung brachte ihr viel Freude und Glaubensstärkung. Meine Mutter war tief gläubig, doch sie war keine Bettante, vielmehr ein kritisch-gläubiger Geist trotz einfacher Schulbildung.

Sie glaubte fest an die Berufung aller Christen zur Heiligkeit, und auch wenn sie zwei Kinder im Ordensstand hatte, glaubte sie nie, dass wir Ordenspersonen vor Gott gewisse Vorrechte hätten ...

Sie war davon überzeugt – sie sprach öfters mit mir darüber –, dass jeder Mensch auf seinem Platz berufen ist, Gott zu gehören: Die einen beten längere Zeit am Tag, weil dies für sie der Ausdruck sein will oder soll, dass sie zu Gott gehören, andere beten kurz am Tag, dafür setzen sie sich für die Kinder oder den Partner ein, weil sie zu der Überzeugung gekommen sind, dass dies der Ausdruck ihrer Zugehörigkeit zu Gott ist.

Oft sagte sie mir: Nicht der Stand ist das Entscheidende, sondern die Zugehörigkeit zu Gott. Wer kann sagen, dass ihr Ordensleute Gott mehr oder weniger gehört als wir verheiratete Menschen?

Die Wege sind verschieden, aber nur Gott weiß, wer Ihm tatsächlich gehört.

Ecuador

Der Aufenthalt in Ecuador war ein großer Segen für den Glaubenweg meiner Mutter. Dort lebte sie in sehr einfachen Verhältnissen, konnte die Tätigkeit meiner Schwester sehen – sie ging öfters mit –, erlebte die Kirche der Armen und wurde öfters sehr positiv überrascht.

Im Urwald sah sie eine Kirche, besser gesagt eine Kirchenführung, von der sie überrascht wurde. Vorausschicken möchte ich, dass meine Familie in Spanien

Kontakt zu Bischöfen hatte, die bekannt waren für ihre einfache und unkonventionelle Art.

Von Ecuador zurückgekehrt berichtete sie von Ereignissen, die sie sehr beeindruckt hatten: Messfeiern mit wenig Aufwand und viel Geist, der einfache Mittagstisch mit dem Bischof, das Gespräch mit den armen Leuten auf der Straße ...

Eines Tages konnte sie ihren Augen nicht trauen. Mitten im Urwald feierte sie in einer Hütte – nennen wir sie Kapelle – die Messe mit dem Bischof. Es war ein kirchliches Fest, doch er hatte eine grüne Stola an.

Meine Mutter, die sich schon mit einer gewissen Sicherheit in solchen hohen Kreisen bewegte, sagte nach der Messe zu dem Bischof: Heute war ein Fest, hätte die Stola nicht weiß sein sollen?

Der Bischof lächelte und erklärte ihr sehr liebevoll: Schau, hier haben wir nur eine Stola, die ist gültig für jede Messe, dafür haben wir ein Herz, das wir Gott bei jeder Messfeier neu schenken können.

Öfters erzählte sie von Taten dieses Bischofs, die für sie Bestätigung ihrer Vorstellung von der Kirche war: Eines Tages brachte uns der Bischof in seinem Auto einige Säcke Zement, ein anderes Mal hatte der Bischof mitgeholfen beim Ausweißen des Hauses – was bedeutete, dass meine Mutter die Hose und das Hemd waschen musste, damit er am Abend wieder zum Bischofshaus fahren konnte – und wiederholt kam er nachmittags vorbei und bat um eine Klostersuppe, weil er den ganzen Tag nichts gegessen hatte.

Durch solche Begegnungen ist es zu vielen Gesprächen zwischen meiner Mutter und dem Bischof gekommen –

übrigens ist er in den nächsten Jahren öfters bei uns in Pitillas gewesen.

Diese Erfahrungen halfen ihr, mit den Problemen und Diskussionen der Kirche in Europa anders umzugehen. Wiederholt sagte sie, viele Probleme in der Kirche würden verschwinden, würden die Verantwortlichen ein Jahr im Urwald verbringen ...

Ob sie damit recht hätte?

MARIENVEREHRUNG

Ihre tiefe und ehrliche Marienverehrung will ich nicht vergessen. Oft habe ich sie beim Rosenkranzgebet beobachtet oder mit ihrem ganz abgegriffenen Gebetbuch.

Unser Haus war kein Museum, die Bilder an der Wand wurden aber bewusst ausgesucht: Familienwappen, Erinnerungsbilder aus Österreich oder aus dem Missionsland, in dem meine Schwester arbeitete ...

Im Vordergrund standen allerdings drei Bilder: Maria vom Berge Karmel, Maria von Ujué und Maria mit dem geneigten Haupt, eine Erinnerung an ihren Aufenthalt in Wien.

Maria vom Berge Karmel

Die Verehrung von Maria unter dem Titel Berg Karmel ist nicht die Folge meiner Zugehörigkeit zu dieser Ordensgemeinschaft, vielleicht eher die Ursache dafür. Oft hat sie mir von ihrem ersten Kauf nach der Hochzeit erzählt, in jenen armen Jahren nach dem spanischen Bürgerkrieg: Es war das Bild „Maria vom Berge Karmel", das sie in monatlichen Raten bezahlt hat.

61 Jahre ist dieses Papierbild im Schlafzimmer gewesen: Viel könnte es uns vom Leben meiner Mutter erzählen, von ihrer Glaubenshaltung und Hoffnung, von ihrer Dienstbereitschaft, von ihrem inneren Gleichgewicht.

Ich kann mich an eine Situation in meiner Kindheit erinnern, die mir nach dem Tod meiner Mutter eine Tante bestätigt hat – meine Geschwister können sich nicht daran erinnern, sie sind ja einige Jahre jünger als ich –: Ein ganzes Jahr hat meine Mutter das Karmelkleid getragen – es handelte sich um ein braunes Kleid mit Gürtel –, das sie jedes Mal anzog, wenn sie einkaufen, auf Besuch, auf Reisen oder einfach in die Kirche ging.

Wir wissen, dass es ein Versprechen war, doch wir wissen nicht, worum es sich bei diesem Versprechen handelte.

Gern hat sie das Karmelfest in einem Karmelitenkloster verbracht, auch wenn sie, um das nächste Kloster zu besuchen, mit dem Zug den ganzen Tag gebraucht hat. Im Alter war es für sie angenehmer, da die Entfernung mit einem Auto leichter zu bewältigen ist.

Die Verehrung des Karmelskapuliers war ihr ein großes Anliegen. Bis ins hohe Alter hat sie das kleine Karmelskapulier getragen. Während ihrer letzten Krankheit und aufgrund von wiederholten Untersuchungen im Spital ist eines Tages das Stoffskapulier verloren gegangen. Niemand dachte daran, doch am Tag ihres Todes sagte sie zu meiner Schwester: Ich habe ein neues Skapulier in meinem Nachtkasten, hole es, damit ich mit dem Karmelskapulier begraben werde.

Wir haben ihr diesen Wunsch gern erfüllt.

Unsere Frau von Ujué

Ujué ist ein Marienwallfahrtsort, der in meiner Heimat große Beliebtheit genießt und von meinem Dorf ca. 4 Stunden zu Fuß entfernt ist. Am Sonntag nach dem Fest des hl. Markus (25. April) findet die Fußwallfahrt aus den umliegenden Dörfern statt.

Die Wallfahrtskirche war eine der wichtigsten Kultstätten des alten Reiches von Navarra und gewann im XIV. Jahrhundert an Bedeutung . Die Apsis der Kirche stammt aus dem XII. Jahrhundert. Neben dem Altar sieht man das Herz des Königs von Navarra Karl II., der die Muttergottes aus Ujué als seine Patronin verehrte.

Ich hatte mich entschlossen, ins Juvenat der Karmeliten zu gehen, um dort zu studieren, da es bei uns im Dorf nur eine Volksschule gab.

Was in den Augen der Familien eine Selbstverständlichkeit war – die meisten Burschen in meinem Alter waren bereits in den Juvenaten der verschiedenen Ordensgemeinschaften untergekommen, da dies gut war, um später bessere Chancen im Beruf zu haben –, sah meine Mutter ganz anders: Sie dachte nicht an eine allgemeine Ausbildung, sondern an die Möglichkeit, doch Ordensperson zu werden.

Auch Schritte in jungen Jahren sollen vor Gott gemacht werden. Sie ermutigte mich, zusammen mit ihr die Fußwallfahrt zu machen, um Gott zu bitten, dass Er meine Schritte lenke.

Es kam der Sonntag nach dem Fest des hl. Markus im Jahr 1956. Schon um 5 Uhr früh mussten wir weggehen – ich denke an spanische Gewohnheiten beim Aufstehen –, um rechtzeitig in Ujué zu sein.

Ich kann mich noch ganz genau erinnern. Es war sehr kalt in der Früh – ich stelle fest, dass ich damals zehn Jahre alt war –; wir machten den langen Weg in kleinen

Gruppen. Zur Sicherheit, für den Fall, dass ich den langen Weg nicht ganz schaffen würde, gingen die zwei Brüder meiner Mutter und einige Freunde der Familie mit uns mit; mein Vater war zu Hause geblieben, um auf meine kleinen Geschwister aufzupassen.

Meine Mutter hatte mich sehr motiviert, sodass ich den langen Weg kaum merkte. Wir kamen rechtzeitig zum Treffpunkt, an dem die Pilger aus meinem Dorf zusammentrafen. Dort begann die Prozession: Ein Mann trug das große Kreuz des jeweiligen Dorfes und hinter ihm kamen zu zweien die restlichen Pilger, mit langen Tuniken und Kapuzen – sodass man das Gesicht nicht sah – und mit einem Kreuz auf der Schulter.

Plötzlich wurde mir klar, dass es kein Fest war, sondern eine Bußwallfahrt, denn manche trugen Ketten an den Füßen, doch ich konnte sie nicht erkennen.

An der Hand meiner Mutter ging ich die letzten zwei Kilometer bis zur Kirche. Dort angekommen musste jeder eine Gelegenheit finden, die Statue zu verehren, denn die Kirche war überfüllt. Vor der Messe sang jede Gruppe ein Marienlied – jedes Dorf hat nämlich ein eigenes – und so konnte ich meine Gruppe an der Melodie wieder erkennen.

Nach der Messe ging jeder schnell hinaus, doch meine Mutter nahm mich an der Hand und ersuchte mich, Maria mein Vorhaben zu sagen und dass ich ihren Segen brauche.

Nachdem wir aus der Kirche herauskamen und unsere Onkel trafen, gingen wir den Weg zurück. Unterwegs fanden wir viele Pilger, die bereits einen Platz zum Mittagessen im Freien gefunden hatten.

Auch wir machten eine Pause, um zu essen und unsere Kräfte zu erneuern, denn mein Vater war uns mit dem Essen entgegengekommen. Zur Sicherheit hatte er ein Pferd mitgenommen, für den Fall, dass ich schon zu müde wäre ..., doch an dem Tag ließ mich die Begeisterung keine Müdigkeit verspüren.

Humorvoll

Es ist nicht leicht, über den Glauben meiner Mutter zu sprechen, denn er war viel zu normal, um etwas Besonderes hervorzuheben, er war zu alltagsverwurzelt, um Extraprogrammpunkte zu betonen, er war zu geläutert, um an äußeren Formen zu hängen.

Der Glaube gab ihr Kraft, im Angesicht des Todes an Gottes Güte nicht zu zweifeln, auch wenn ich erwähnen möchte, dass sie jahrelang um eine gute Sterbestunde gebetet hat, davon hat sie uns mehrmals erzählt.

Die Gelassenheit und die innere Ruhe, mit der meine Mutter über den Tod sprach, überraschte uns alle in und außerhalb der Familie. Sie sprach davon, als würde es sich um einen zum Leben gehörenden Schritt handeln.

Oft hat meine Mutter ihre Schwestern in Verlegenheit gebracht, wenn sie sie zum Beispiel ersuchte, zu ihr zu kommen, um sich von ihnen zu verabschieden ...

Sie sprach in aller Natürlichkeit jenes Wort aus, das uns allen auf der Zunge lag, das wir aber vor ihr nicht zu formulieren wagten: Tod.

Die Gründerin der Kongregation, der meine Schwester angehört, sollte am 15. Mai 2005 selig gesprochen werden – aufgrund des Todes des Papstes ist der Termin ins Wanken gekommen –, deswegen wurden rechtzeitig Wallfahrten nach Rom organisiert, um das Quartier zu sichern.

Von der Ordensleitung bekam meine Schwester eine

Einladung mitzufahren, doch in ihrem Herzen tauchte die Frage auf: Wer bleibt in dieser Zeit bei der Mutter, wer wird sie pflegen?

Bald merkte die Mutter, dass trotz Begeisterung meine Schwester sich nicht entschloss, sich für die Reise anzumelden. Die Tochter wich jeder Frage der Mutter in dem Zusammenhang aus, doch eines Tages war sie verblüfft.

Warum meldest du dich zur Romfahrt nicht an? Ist es vielleicht meinetwegen? Schau, rufe sofort an und melde dich an, denn bis dorthin bin ich längst gestorben. Auf den entsetzten Blick meiner Schwester sagte die Mutter nochmals: Bitte melde dich ruhig an, Mitte Mai bin ich schon längst tot.

Dem Ende zu

In den letzten Monaten kam es nicht selten zu peinlichen Situationen, wie es oft geschieht, wenn die Gesunden versuchen, dem Kranken vorzugaukeln, wie gut er aussieht und welch gute Farbe er hat.

Da ich in Österreich wohne, kann ich nur von Situationen berichten, die mir meine Schwester erzählt hat: Die Ärzte, die meine Mutter bei den Untersuchungen behandelten, waren manchmal sprachlos, wenn sie ein wenig stotterten bei der Suche nach Worten, die nicht so klar klingen dürfen, damit der Kranke sich nicht ganz auskennt ... Meine Mutter unterbrach sie und sagte zu ihnen: Darf ich Ihnen helfen, Herr Doktor? Sie wollten sagen, dass es mir nicht gut geht und ich mich bereits in der Endphase befinde ...

Am 2. April starb Papst Johannes Paul II. und wurde einige Tage später feierlich begraben. Nachdem die Mutter die Zeremonie am Bildschirm angeschaut hatte, sagte sie laut: Habe ich nicht Glück mit meinem Tod? Da ich jetzt unmittelbar nach dem Papst sterbe, ist bestimmt das Himmelstor noch nicht ganz zu, sodass ich durch irgendeinen Spalt hineinkommen kann.

Es wären viele ähnliche Vorkommnisse zu erzählen. Möge nur ein weiteres genügen, das mir der Dorfpfarrer nach dem Begräbnis erzählt hat. Am Tag vor ihrem Tod weilte unser Dorfpfarrer zufällig in der Stadt und besuchte kurz meine Mutter im Spital.

Er kam herein, begrüßte meine Mutter sehr freundlich und sagte zu ihr: Wie ich sehe, schaust du gut aus. Nur Mut, in einigen Tagen kommst du wieder nach Pitillas.

Nein, Herr Pfarrer, sagte sie, ich komme nicht nach Pitillas, sondern hinauf in den Himmel.

Angst vor dem Tod?

Der Gedanke an den Tod gehört zu den Themen, die wir gern verdrängen. Es muss aber nicht so sein, wenn ich an meine Mutter denke. Dank ihres Glaubens sah sie im Tod nicht ein Gespenst, sondern die Tür zu jenem Leben bei Gott, von dem sie immer gesprochen hat. Oft betonte sie, keine Angst vor dem Tod zu haben.

Als ihr bewusst wurde, dass die Krankheit trotz medizinischer Behandlung ihre Kräfte verzehrte, begann sie uns Kinder auf ihren Tod vorzubereiten.

Im vergangenen Sommer feierte ich eine Hochzeit in Spanien. Dies nahm meine Mutter zum Anlass, mir einen schönen Anzug zu kaufen, obwohl ich der Meinung war, es sei nicht notwendig.

Meine Schwester fuhr mit mir in die Stadt, um den Auftrag zu erfüllen. Als wir zurückkamen, wünschte sich meine Mutter, ich solle den Anzug anziehen, sie wolle sehen, wie ich damit ausschaue.

Nachdem ich ihn angezogen hatte, sagte sie ganz gelassen: Er passt sehr gut zu dir, dies ist ein schöner Anzug für mein Begräbnis. Nein, dies war nicht nur eine Phrase! Nach der Hochzeit verbrachte ich noch einige Urlaubstage bei ihr. Als ich den Koffer vorbereiten wollte, sagte sie mir: Den Anzug nimmst du nicht mit, den brauchst du für mein Begräbnis.

Erst nach dem Begräbnis meiner Mutter habe ich den Anzug nach Österreich mitgenommen.

Zwischenstufen

Meine Schwester, die meine Mutter in den Jahren der Krankheit mit viel Liebe verwöhnt hat, ist nie in die Situation gekommen, meiner Mutter vom Ernst der Krankheit zu erzählen. Es war eher umgekehrt, meine Mutter versuchte meine Schwester auf die Nähe des Todes aufmerksam zu machen.

Weine nicht, sagte sie, ich habe mein Leben gelebt. Ich sehe dem Tod ganz gelassen entgegen, ich bin nicht traurig, ich bin bereit.

Von vielen Situationen könnte ich berichten, möchte aber nur an zwei ganz persönliche Begegnungen erinnern.

Fünf Wochen vor ihrem Tod glaubte der Herr Primar, es sei bereits die letzte Stunde für meine Mutter gekommen, und so ließ er mich holen, um bei der Sterbestunde dabei sein zu können.

Zwei Tage und zwei Nächte verbrachte ich neben ihrem Bett. Als sie mich sah, wurde sie ganz lebendig und sagte mir, wie froh sie sei, dass ich gekommen sei, um mich von ihr zu verabschieden.

Während der Nacht – ich blieb die ganze Nacht bei ihr im Krankenzimmer – versuchte sie mir alles genau zu erklären, was ich als Erstgeborener nicht vergessen dürfe. Sie erzählte mir vom Testament, von ihrer großen Dankbarkeit meiner Schwester gegenüber für die wunderbare Unterstützung während ihrer Krankheit, von einigen Schritten, die wir nicht vergessen sollten, von ihrem Begräbnis, von ihrem Grabstein, und zwar mit so vielen Einzelheiten, dass ich scherzend zu ihr sagte: Mama, ich denke, du wirst bei der Begräbnisfeier in der Kirche den

Sarg aufmachen und sagen: Hallo, Antonio, du hast das oder jenes vergessen!

Sie konnte nur darüber lachen und mir als Antwort geben: An jenem Tag werde ich bestimmt kein Wort sagen, deswegen erkläre ich dir heute alles so genau.

Adieu

Die Zeit im Krankenhaus verging sehr schnell. Beim Abschied küsste sie mich und sagte mit strahlenden Augen, die ich heute noch sehe: Antonio, bis zum nächsten Mal oder – mit der Hand nach oben zeigend – bis dorthin.

In Österreich angekommen wartete ich täglich auf den Anruf, die Mutter sei gestorben. Ich hörte immer wieder, sie liege im Sterben, doch ich konnte es nicht ganz glauben, da sie immer wieder mit mir am Telefon sprach.

So vergingen zwischen Hoffen und Bangen einige Wochen. Meine Mutter hatte in der Zwischenzeit einige Tage zu Hause verbracht, dort feierte sie ihren 84. Geburtstag, doch bald musste sie wieder ins Krankenhaus.

Eines Tages rief ich meine Schwester im Krankenhaus an. Sie erzählte mir, die Mama sei zwar schwach, aber doch zufrieden und sehr gut gelaunt. Sie gab den Telefonhörer der Mama und nach den üblichen Fragen – wie geht es dir, kann ich etwas für dich tun ... – sagte sie zu mir:

Antonio, komm, das Ende nähert sich; komm, um deiner Schwester in diesen Momenten beizustehen.

Ich fragte sie sofort: Mama, wann soll ich kommen? Komm morgen, war ihre klare Antwort.

Am nächsten Tag am Abend war ich schon in Pamplona. Im Krankenhaus angelangt ging ich zum Zimmer meiner Mutter. Als sie mich sah, nahm sie die Sauerstoffmaske weg, küsste mich fest und auf meine Frage, wie geht es dir, sagte sie: Mein Sohn, mir geht es sehr schlecht, dabei zwickte sie mich fest in die Wange.

Hatte sie auf mich gewartet? Ab diesem Zeitpunkt sprach sie nicht mehr.

Wir drei Geschwister standen alle bei der Mutter und versuchten ihr zu erzählen, wie froh wir waren, bei ihr zu sein, wie stolz wir auf sie waren ... – sie reagierte mit den Augen, mit dem Kopf, doch sie sprach nicht mehr.

Nach einigen Stunden starb sie friedlich und gelassen, wie eine Kerze, die sich verzehrt hat. In ihrem Gesicht blieben die Ausstrahlung und die Freude eines am Ziel angekommenen Pilgers.

FEST MIT TRÄNEN

Das Leben ist oft hart. Kaum hatte meine Mutter die Augen zugemacht, kam ein Arzt, um den Tod zu bestätigen, anschließend – es war 2 Uhr und 40 Minuten in der Nacht – kamen die Vertreter einer Bestattungsfirma, um alles für das Begräbnis vorzubereiten, das am nächsten Tag stattfinden sollte.

Wir drei Geschwister wurden eingeladen, in die Bestattungszentrale zu fahren, um dort den Sarg auszusuchen und alles noch Nötige auszumachen.

In den Bestattungsräumen wurde die Mutter aufgebahrt. Pausenlos kamen Menschen, um uns ihre Anteilnahme auszudrücken. Manche kamen, weil sie der Mutter die letzte Ehre erweisen wollten, andere kamen, weil sie unsere Freunde waren.

In solchen Momenten sind Eltern und Kinder eine totale Einheit: Wer den Sohn oder die Tochter achtet, verehrt zugleich die Eltern, und wer den Sohn oder die Tochter einer Mutter und eines Vaters verachtet, verachtet die Mutter und den Vater.

Sehr viele Menschen haben meiner Familie große Achtung, Respekt und Verehrung entgegengebracht.

Der Partezettel

Da das Begräbnis in unserer Gegend am nächsten Tag stattfindet, gibt es keine Zeit, Partezettel drucken zu lassen und sie dann per Post zu verschicken. Bei uns ist es

Brauch, in der Lokalzeitung eine Art Totenanzeige zu veröffentlichen.

Es liegt uns nicht – das haben wir sicherlich von der Mutter geerbt –, Phrasen zu formulieren, die nur wohlklingenden Formeln entsprechen, aber der Gefahr ausgesetzt sind, inhaltsleer zu sein. Uns ist es viel wichtiger auszudrücken, was wir erlebt haben.

Dein Leben aus dem Glauben
ist uns Vorbild gewesen,
danke, Mama!

Diesen Satz – mit dem wir unsere Erfahrungen mit der Mutter kurz andeuten wollten – haben wir geschrieben und dann den Termin für das Begräbnis und die Messe angeführt.

Das Begräbnis

Ich weiß nicht, ob andere so deutlich die Erfahrung der Unzulänglichkeit machen, aber vor der Begräbnisfeier meiner Mutter war ich kraftlos, hin- und hergerissen bei der Frage, ob ich selbst die Messe und die Predigt halten solle oder ein uns bekannter Priester.

Meine Tanten waren dagegen, denn sie fürchteten, ich würde während der Feier weinen und nicht weitermachen können, meine Geschwister wollten aber, dass ich die Messe feiere und dabei predige – dies wäre der Wunsch der Mutter gewesen, meinte sehr leise meine Schwester.

Ich fuhr von der kleinen Bezirksstadt in mein Dorf zurück, um vor der Kirche auf den Sarg zu warten, ich zitterte wie ein Unerfahrener, obwohl ich so viele Begräbnisse gehalten habe – natürlich ist es wahr, meine Mutter hatte ich nicht begraben.

Vor der Kirche traf ich einige Mitbrüder, die extra zur Beerdigung gekommen waren. Nach der Begrüßung fragte einer nach dem anderen: Hältst du das Begräbnis, traust du dich wirklich?

Einer, der in den letzten Jahren mit mir in Wien war, ermutigte mich und meinte, ich solle es versuchen, denn ich hätte ein gutes Gespür für liturgische Feiern.

In der Zwischenzeit hatten sich in der Sakristei 17 Priester versammelt, die meiner Mutter die letzte Ehre erweisen wollten. So feierten wir 18 in Konzelebration die Begräbnismesse.

Es ist sicherlich nicht notwendig zu betonen, dass mir manchmal die Stimme in der Kehle stecken blieb und ich nur mit großer Anstrengung die Tränen unterdrücken konnte.

Die Predigt

Ein spanisches Sprichwort sagt: Gott bewahre uns vor dem Tag des Lobes ... was so viel bedeutet wie: Gott bewahre uns vor den Lobreden am Grab!

Die beste Ehefrau ist gestorben, der beste Freund, ein besonders begabter Mitarbeiter, der beste Mitbruder, das liebste Kind ... – wir kennen alle diese Formeln!

Es mag ein wenig merkwürdig klingen, aber einige Stunden vor dem Begräbnis – wir waren alle noch in der Aufbahrungshalle – kam meine Schwester sehr leise zu mir und fragte, ob ich die Predigt vorbereitet hätte. Auf meine zustimmende Antwort hin wollte sie zur Sicherheit die Predigt lesen ... – innerlich musste ich trotz Schmerz lächeln und mir sagen: Der Geist meiner Mutter lebt wirklich in uns Kindern weiter.

Es war eine große Überwindung, die Predigt zu halten, denn in dem Moment fand ich keine Worte, die ausdrücken könnten, was ich für meine Mutter empfand. Ich versuchte die Lesung kurz zu erklären, um auf dieser Basis Worte des Dankes zum Ausdruck zu bringen: Dank an Gott und meine Mutter.

Einen zweiten Gedanken brachte ich mit kurzen Worten zum Ausdruck: Gott vergleicht sich mit einer Mutter, um uns gewisse Aspekte Seiner Liebe zu erklären. An diesen Gedanken erinnerte mich immer wieder das Leben meiner Mutter:
Sie hatte uns mit ihrem Leben Gottes Liebe, Gottes Zuneigung, Gottes Verständnis sichtbar gemacht.

Mit großer Mühe konnte ich den Gottesdienst weiterfeiern, in der Gewissheit, dass meine Mutter vom Himmel auf uns geschaut und sich über die würdige Feier gefreut hat.

MEINE ELTERN

Meine Eltern gehörten zu dieser Kategorie von Menschen, die Gott millionenweise ins Leben ruft, denen Er eine Aufgabe im Leben anvertraut und die versuchen, ihr Leben zu meistern.

Meine Eltern waren Menschen,
christliche Menschen,
sie waren einfach für uns gute Eltern.

Ich glaube daran:
Meine Eltern waren Menschen,
die uns Kindern Gott sichtbar gemacht haben.

WEITERE BÜCHER VON
P. ANTONIO SAGARDOY

VERBORGENE KRAFT, Verlag Christliche Innerlichkeit, Wien 2003, 48 S. EUR 3,65

FREI MACHENDE MYSTIK, Verlag Christliche Innerlichkeit, Wien 2004, 2. Auflage, 48 S. EUR 3,65

DAS GESPRÄCH MIT GOTT, Verlag Christliche Innerlichkeit, Wien 2005, 5. Auflage, 48 S. EUR 3,65

GEBETE EINER GROSSEN FRAU, Verlag Christliche Innerlichkeit, Wien 2004, 48 S. EUR 3,65

MEIN WEG IST VERTRAUEN, Verlag Christliche Innerlichkeit, Wien 2004, 3. Auflage, 48 S. EUR 3,65

AUS LIEBE LEBEN, Verlag Christliche Innerlichkeit, Wien 2005, 2. Auflage, 48 S. EUR 3,65

WENN DU BETEN WILLST, Verlag Christliche Innerlichkeit, Wien 2004, 48 S. EUR 3,65

Weitere Informationen und Bestellungen:
Verlag CHRISTLICHE INNERLICHKEIT
A - 1190 Wien, Silbergasse 35
Tel.: + 43 1 3203340 – Fax: + 43 1 3281364